Ramona Roßbach

Weinberg, Wald

und Wiesenglück

Lyrik und Prosa

Bibliographische Information der Deutschen Nationalbibliothek:
Die Deutsche Nationalbibliothek verzeichnet diese Publikation in der
Deutschen Nationalbibliographie; detaillierte bibliographische Daten
sind im Internet über http://dnb.dnb.de abrufbar.

© 2021 Ramona Roßbach
Herstellung und Verlag:
BoD – Books on Demand, Norderstedt

ISBN: 978-3-753-42122-3

Inhalt

Prolog

Findend

Ich ging nach draußen und fand dort mich selbst
in Wäldern, auf Feldern und Wiesen.
Glückliche Seele durchstreifte die Welt
und ließ mich ganz lieb von ihr grüßen.

Tagesmeditation

pilgern gehen
jeden Morgen neu
auf Alltagsschritten
heimzu
seelenwärts

Am Wegesrand

<u>Wiesenstück</u>

Leg deine Uhr nur bald beiseite.
Sie stört, die Zeit,
im Augenblick Unendlichkeiten,
in dem des Schmetterlinges Flügelschlag
den Blumen ihren Puls verleiht.

<u>Flachdach</u>

Vom Flachdach
rufen's die Gräser
und Wildblumen,
gelb, violett,
und Schafwolkenherden
vom Himmelblau:
dass heut Frühling ist
und Freiheit,
wo mein Blick sich erhebt
über desselben Alltagsbaus Enge
hin zu grünen Kastanienweiten
und meiner Seele Friedensglück.

<u>Auf Anfang</u>

gleich hinter dem Alltag
am Wegesrand
liegt der Anfang der Schöpfung
in Sonnenblumens goldnem Leuchten
in lichtdurchfluteten Gräsern
am Feld
liegt der Anfang der Schöpfung
im Violett
aus Herbstblütens Frühling
liegt der Anfang der Schöpfung
in silbernen Fäden
die unablässig
die Zeit dazwischen spinnt
liegt der Anfang der Schöpfung
im Sonnenlicht
liegt alles
und mehr

<u>Mohn</u>

lichtdurchflutete Blütenkelche
Mohnrot auf Grün
auf goldenen Feldern
auch welche
die gleichen
aus meiner Kindheit und meinen Träumen
auf Wiesen auf Deichen
still wachsend vor Bäumen
auf Bildern von Malern
aus früheren Zeiten
die gleichen
seelenvertrauten
rot lodernden Kelche
den Augenblick preisend
im Herzen
auch welche

Blüte

Eine Blüte
ist eine Blüte
ist ein Wunder.

Ein Wunder
ist ein Wunder
ist ein Traum.

Ein Traum ist
jene Wirklichkeit,
aus der die Seele lebt.

Einfach

Ihr Blumen,
ihr habt es richtig gemacht:
Ihr fragt nicht,
    was gestern war und morgen kommt.
Ihr sagt nicht,
    es habe keinen Sinn.
Ihr klagt nicht,
    dass alles vergänglich ist.
Ihr blüht einfach
und seid so schön.

Baumtanz

Er tanzt, der Baum, der Sonne entgegen
seit Jahr und seit Tag in vertrauendem Schwung,
trägt Leichtigkeit in sich, ein Drehen, Bewegen,
ist wachsend und weise und Ewigkeit jung.

Baum im Wind

Blätter still säuseln im wispernden Wind,
Blätter leis rufen und Winkende sind.
Blätter in Lüften: ein einziges Wehen,
in unstetem Wandel sie doch nicht vergehen.
Der Wind tanzt spielend im Geäst
um Baumes Stamm, ganz ruhig und fest.

Im Wind

lauschen
dem Unsagbaren
und teilhaben
am Mysterium

Sommernah

Nur zwei Straßen fern
wohnt im duftend' Lavendel
die weite Provence zu der Ferienzeit,
im Violett lichtblauer Blumen
liegt Zauberwelts Unendlichkeit.
Und rot und rund grüßt prall aus Beeren
des Sommers sinnlich' Köstlichkeit.

Sommer-Erlebnis

Wasser spiegelt tief und hell
ruhigen Quell der Seele,
Baumes Grün, von Langmut schön,
erzählt, was sie noch werde.

Vogel tanzt den Freiheitsflug
hoch vor Wolkenfedern,
Krähes Ruf tönt laut und klug,
Herz will ihn erwidern,

atmet Sommers süßen Duft,
schwer von Frucht
und Leichtigkeit,
und für ewig reicht die Zeit.

Lebensflüstern

Es flüstert das Leben mir überall,
im Grashalm, im Winde, im blühenden Kraut,
in Bäumen und im Insektengesumm.
Es flüstert mal leise und flüstert mal laut,
doch immer vertraut.
Es flüstert auch stumm
in lauschendem Schweigen
und in der Stille.
Es flüstert in Fülle
im Herzen,
in mir.

Spätsommer-Bald

Sommertrunken sind die Wiesen,
reif, ganz reif, und blütenschwer,
Früchte, fallend, zu genießen,
bevor das Glück sich selbst verzehr.

Herbstes Ahnen wohnt in allem,
heißt bald neue Wege gut,
wenn auch alte noch gefallen
und Herz in satter Fülle ruht.

<u>Herbstrot</u>

Rot sind die Äpfel im fallenden Herbst,
rot sind die Äpfel, glühn seelenwärts,
sommervoll leuchtend im dunklen Geäst,
dankbarkeitsfreudig, im Herzen ein Fest.

<u>Kastanienwarm</u>

Dunkles Rund, kastanienbraun,
warm und hölzern anzuschaun,
du trägst in dir noch Frühlingsblühn,
Sommers Sonne, Schattengrün,
Herbstes Fest aus frohen Farben,
wirst mich durch den Winter tragen
mit dankbar glühend' innrem Licht,
das schon vom nächsten Frühling spricht.

<u>Distel</u>

Distel, Distel im Trauerkleid,
von Dornen schwer, so schwer.
Du ziehst den Blick auf bittre Zeit,
voll Wehmut geht sie her.

Distel, Distel im Dornenkleid
und Herz, so tränenschwer.
Wie heilsam ist die Traurigkeit,
wird leicht und ist nicht mehr.

<u>Novemberabend</u>

Die Bäume seien kahl und trist.
November ist
und kühl und ruhig der Abendweg,
an dem das Innre offensteht
der Bäume, hoch nach oben strebend.

Von schlankem Stamm sich winden Zweige
hinauf bis in Unendlichkeiten
und Rinde, schwarz vor'm Blau der Nacht,
zeigt Furchen, Muster tausendfach.
Ein großer Kelch aus starken Ästen
entfaltet ist zum Himmel hin,
fängt Sterne ein, die darin funkeln
und reden mir von Welt und Sinn.

Mitten im Hier

<u>Die Einladung</u>

Der Wald, er riecht nach Frische, Leben,
nach neuer Kraft und altem Sein,
die Bäume, grünend, Weitblick geben
und laden meine Seele ein
zum selbstvergessnen Hinspazieren,
Gedanken-Schritt-für-Schritt-Verlieren
und Heil-und-eins-mit-allem-Sein.

<u>Wald</u>

Seit eh und je
wachsen die Bäume
in Himmel und Erde,
seit eh und je
klettern die Moose
stillschweigend empor.
Seit eh und je
singen im Frühling die Vögel,
seit eh und je
bringt Wald Neues hervor.

Waldspaziergang

Die Welt im Wald
fragt nicht nach heute noch morgen,
ist wachsend geborgen und frei,
im Wurzeln, im Grünen,
und wünscht mir,
dass ähnlich ich sei.

Segen

Grüner wird das Gras
mit jedem Schritt, den meine Seele
fröhlich zu sich selber geht,
und Himmels Licht
durchscheint die Blätter
neu vertrauter Wirklichkeit.

Schneckenweisheit

Die Schnecke macht Strecke,
beharrlich und leise
auf ganz eigne Weise
und kommt so vom Flecke
wohl schneller als mancher,
der allzu sehr rennt
und auf seiner Reise
das Kostbare, Leise
vor Hast nicht erkennt.

<u>Baumgeflüster</u>

Wundersam weiter wächst dir der Weg,
wenn langsam, ganz langsam du schreitest
und wenn du im Gehen ganz sacht, Schritt für Schritt,
den Wandel der Seele begleitest.

Es flüstern die Bäume und sprechen im Wind,
sind Ruhe, sind Wachsen, unendlich,
sind weise und spielend, sind Alter und Kind,
Geheimnis und doch so verständlich.

<u>Waldherz</u>

Eine Handvoll Erde
nehme ich vom Anfang der Welt,
eine Handvoll Blätter
für's Wachsen,
eine Handvoll Steine
für's Bleiben
und lass sie zurück,
dankbar im Herzen,
am Anfang,
am Ursprung der Welt.

<u>waldselig</u>

Die Zeit:
stehengeblieben
auf einer Waldlichtung Frieden

aus Wurzelwerk, Blätterdach, Rindenstruktur,
durchdringend die horchenden Sinne

mit tausend Düften Leben
und einer Ahnung
Ewigkeit.

<u>Innehalten im Wald</u>

Ich horch hinaus ins Unverfügbare
und weit hinein auch in mich selbst.

Am Bach

Wasser spielt in tausend Tropfen
Stein für Stein den Bach entlang,
ist ein Rauschen, stetig Klopfen,
Lebens leichter, leiser Klang.

Wasser fragt nicht nach den Gründen,
spielt auf Steinen, langsam, schnell,
will nichts suchen und nichts finden
und ist selber Grund und Quell.

Moosgrün

Moosgrün an Bäumen, an Wurzeln und Ästen,
Moosgrün an Steinen, an Mauern und Zeit,
Moosgrün, ganz alt und neu, könnt man meinen,
Moosgrün voll Hoffnung im Herzen so weit.

Unbeschwert

Grün ist das Werden,
lebensfreudig,
das Wasser klar
und aus dem Vollen
schöpft meine Seele
Alltagsglück.

Jenseits vom Alltag und diesseits der Welt

<u>Stillleben am Weinberg</u>

Die bauchige Mauer lehnte sich der Sonne entgegen, von Norden her gestützt durch kräftiges Erdreich, das auf seiner Oberfläche ein lichtes Grün und die in jener Jahreszeit eher karg anmutenden Weinstöcke trug. Mit einer Mischung aus ruhiger Behäbigkeit und stetem inneren Bewegungsdrang hatte es den ockerfarbenen Steinen der Mauer jene wulstige Form verliehen, mit der sie sich behaglich einige Zentimeter über den sonnenbeschienenen Weg am Südhang wölbten.

Das wärmende Licht der Nachmittagsstunden ließ jede noch so geringe Unebenheit als starkes Relief hervortreten, indem es feinste Schatten als Kontraste neben die körnigen Erhebungen zeichnete, welche die etwa handgroßen Quader wie eine Gebirgslandschaft durchzogen. Hell und Dunkel verbanden sich zu einem Wechselspiel der Farbnuancen, in welchem sämtliche Facetten von erdigem Ocker und sanftem Graubraun bis hin zu sonnigem Gold leuchteten und sich Weiten auftaten, die sonst im Innern des Naturmaterials verborgen zu sein schienen. Jeder winzige Vorsprung, jede kleinste Ritze war eine Welt für sich, jeder einzelne Mauerstein ein Universum aus Höhen und Tiefen, in ihren Atomen Geschichten noch vom Beginn der Zeit in sich tragend und zugleich bewegt in der Gegenwart ruhend, während weit unter ihnen am Fuße des Weinbergs die Geschäftigkeit der Kleinstadt pulsierte.

Aus den Zwischenräumen, welche die in Trockenbauweise angelegte Mauer naturgemäß neben sowie über und unter zahlreichen Steinen zutage treten ließ, quoll das Leben: hier der kecke Stängel einer verblühten Rose, der sich tapfer und dornenreich in einer schmalen Spalte hielt, dort ein paar Grashalme, welche ihren Weg zum Licht gesucht und gefunden hatten, an einer Stelle sogar ein beeindruckend bescheidenes sonnengelbes Blümchen in perfekter Geometrie, wie in zufälliger Schönheit sich an die starke Mauer lehnend und augenscheinlich am Dasein erfreuend, ohne jedes weitere Bestreben; hier und da in den breiteren Ritzen ein flaches, in der Gesamtheit der Mauer fast verschwindendes Steinchen, neben welchem noch Platz war für ein paar unscheinbare Krumen Erde und winzigstes Geröll, den Zugang zu einem Mikrokosmos in Weinbergs tieferen Schichten erahnen lassend, Refugium vermutlich für manches Insekt und andere dem flüchtigen Blick meist verborgene Geschöpfe.

Fast unmerklich streifte ein sachter Luftzug die vordergründige Stille und eine Fliege landete auf einem der sonnenbeschienenen Mauersteine, der schwarze Körper glänzend vom Lichtspiel des fortgeschrittenen Tages, die zarten Beinchen grazil auf der von Wärme durchdrungenen steinernen Oberfläche haftend, den Rücken wie gleichgültig der fernen Stadt und ihren alltäglichen Besorgungen zugewandt.

Die Zeit hörte auf zu vergehen und verfing sich einen Moment lang voller Bewunderung in den wie absichtslos den Sonnenstrahlen dargebotenen durchsichtigen Flügeln mit ihrer feinen Fächerstruktur, schillernd in allen

Regenbogenfarben, jenseits der gewohnten Welt und doch ihre ganze Schönheit in sich spiegelnd.

Die Fliege saß regungslos da in diesen bewegten Sekunden vollendeten Glücks und ebenso ruhig erhoben sich oberhalb der Mauer die knorrigen Weinstöcke, welche momentan weder Blätter noch Früchte trugen und stumm in hölzernem Dunkelbraun dem Himmel entgegen standen, dabei aber ebenfalls alle Farben Licht in sich vereinten. Fließend war die dem Holz innewohnende Bewegung, die sich in den Furchen aus verschiedensten Grau- und Brauntönen manifestierte, Rille um Rille darin formte in immanentem, leisem Wachstum und die enorme Lebenskraft erahnen ließ, welche den verdorrten Wurzeln gleichenden Pflanzen seit Anbeginn wohl zu eigen war. Werden und Vergehen und neues Werden waren hier angelegt und erlebbar in den sich zur Unendlichkeit weitenden Augenblicken, in denen sich nichts und doch alles ereignete, unter der Gunst eines freien Nachmittagshimmels.

Mit einem Mal erhob sich die Fliege, wie gesättigt von ihrem unbedingten Sonnenbad, und mit schwerelosen Flügelschlägen entschwand sie in das Blau des Himmels, unter sich die warmen Steine der Mauer, das stetig wachsende Grün und die innere Kraft der Ewigkeit jungen Weinstöcke zurücklassend.

Der diese Szenen beobachtende Spaziergänger, am Ziel seines heutigen Weges angelangt, wandte sich um und ging erfüllt zurück zur Stadt.

<u>Weinbergruf</u>

Weinberg ruft aus naher Ferne
zum Verliern-mich, ohne Grund,
einfach nur in Sonnenwärme,
herbstlaubbunt.
Und ich hör den Ruf so gerne.

Weinberg, meine Sinne drängend
über Alltagstakt hinaus,
freudvoll meine Grenzen sprengend,
gradheraus
lauschend innig' Seelenklängen
und ganz weit hinaus.

<u>Weinberggold</u>

Weinberggold,
sanft am Horizont liegend.
Schatz,
nicht zu heben,
sondern zu spüren
in mir
und unendlich.

Weinbergfreund

Weinberg, stummer Freund,
mir leis Geschichten erzählend
von Leben und Werden, grün vereint,
und stets in Freiheit wählend,

wohin die Wege grad mich führn,
durch Blüten, Winde leiten
zu Zielen oder sich verliern,
neu finden in den Weiten.

Weinbergs Rat

„Geduld", sagt der Weinberg,
„Geduld führt zum Ziel."
Und meine Schritte, sie hören auf ihn
und gehen gemächlich still weiter.

„Geduld", raunt der Weinberg,
„Geduld ist schon viel."
Die Schritte: bedächtig und heiter.

„Geduld", spricht der Weinberg
und ich ahn das Ziel
in ihm längst und mir und noch weiter.

Mein Berg

Weinberg:
Vergiss die alten Pfade.
Weinberg:
Geh neue jeden Tag.
Weinberg:
Gewundnen Weg nimm grade.
Mein Berg
stets Wandel bringen mag.

Weinbergblick

Der Alltag:
am Horizont geborgen.
Und vor mir:
die Spielzeughäuser meiner Stadt,
beschaulich und zum Greifen weit.
Die Welt liegt mir zu Füßen
und ich mir selbst:
so nah wie selten nur,
auf Pfaden, die zum Himmel führen,
in weltlich sattes Grün gekleidet.
Verloren geh ich nicht
auf fernen Wegen Einsamkeit,
ganz mitten im Leben
in Freiheit spazierend.

Weinberg-Jetzt

Es gibt kein Leid
und kein Verderben
in Weinbergs grünend' blühend' Atem
hier und jetzt.

Septembermoment

Überbordend
von leuchtendem Leben:
die Apfelbäume zur Erntezeit,
tiefdunkle Trauben vor sattgrünen Reben,
ein Himmel Blau, unendlich weit,
so schreitet Herbst in bunten Runden
und Sommer macht noch Überstunden
und ich, ich hab grad ewig Zeit.

Novemberweinbergfarbe

Der Weinberg blinzelt verhalten
in grauen Wetters Einheitsdunst
mit einem Schatten
von tausend Farben Möglichkeit.

<u>Weinbergherbstlied</u>

Weinbergfarben,
spielend spielend,
bunt am Hang
in Rot, Gelb, Grün.
Weinberg, meine Seele tragend,
wiegend in des Herbstes Glühn.

Weinberg, Fest für meine Sinne,
strebend weit, so weit hinaus.
Weinberg, still,
ich halte inne,
fühl mich ganz
bei dir zu Haus.

<u>Weinbergbunt</u>

Der Weinberg schenkt mir seine Farben
im Morgen- und im Abendlicht,
er zeigt mir seine tausend Gaben,
zum Horizont befreit die Sicht.
Ich geh von ihm mit leeren Händen,
doch nie mit leerem Herzen fort,
der Weinberg schenkt an allen Enden,
die ganze Welt, sie spricht mir dort.

Winter-Weinstock

Kraft steckt im Weinstock,
Geduld auch und Mut
und die Gewissheit:
Am Ende wird's gut.

Mut steckt im Weinstock,
Vertrauen und Kraft
und die Gewissheit,
dass Leben es schafft.

Der Weinstock

Knorrig und rau,
runzelig, wurzelig,
braun-schwarz-beige-grau
ragt unscheinbar schweigend
der Weinstock empor,
aus innrer Kraft Stille
bringt Weinberges Fülle
ganz neu bald hervor.

Regenwolken

Ich starr entrückt die grauen Wolken an
und weiß: In ihnen wohnt ein bunter Bogen.
Er grüßte grad und wuchs heran
im Regen und ist dann verflogen.
Noch zarter Engel bunte Flügel breitet
und meinen Blick zum Schönen weitet
im Innern, wo es fast verschwunden
und ich's noch seh für viele Stunden.

Genügend

Groß genug sein um die Wolken zu sehen
und klein genug um auf Wegen zu gehen,
die unsre Erde bietet dir,
heißt glücklich sein im Jetzt und Hier.

Glück

Ich ging spazieren,
wo Sonne und Mond
einander gute Nacht sagen
am Wolkenteppich aus Rosagold,

wo Bäume hoch in den Himmel ragen
und tief, ganz tief in die Erde
und dort meine Seele berühren,

wo jedes Blatt,
vom Wind bewegt,
ein Universum in sich trägt
aus Licht und Klang und Leben,

am Ort, wo kein Wunsch offen bleibt
und meine Wege
längst zum Ziel geworden.

Epilog

<u>Weinberg-Gedanken</u>

Vielleicht weiß der Weise

nicht viel mehr,

als dass jede Reise mit dem ersten Schritt beginnt

und jeder Weg irgendwohin führt,

sei es auch zurück zum Anfang,

mit einem Gewinn an Erfahrung.

Vielleicht weiß er nicht viel mehr,

als dass die Zeit nicht schneller vergeht, wenn man rennt,

und auch nicht langsamer,

aber dass sie erfüllter sein kann,

wo man stehenbleibt.

Vielleicht weiß er nicht viel mehr,

als dass das Wasser des Baches und jeder Tropfen

unablässig seinem Weg folgt

und die Quelle nicht nach dem Sinn fragt.

Vielleicht weiß er kaum mehr,

als dass die Weinstöcke im Winter kahl sind wie die Bäume

und das Leben trotzdem nicht aufhört Wurzeln zu schlagen

und zu singen in den Wipfeln,

dass auch die Stille nach dem Herbst heilig ist

und gewiss ein neuer Frühling kommen wird.

Vielleicht weiß er kaum mehr,

als dass jeder Weg einmal zu Ende geht

und dennoch die Welt hinter dem Horizont viel weiter ist,

als wir heute erkennen.

Vielleicht weiß er überhaupt nicht mehr als das,

aber dieses ganz.